QUELQUES CONSIDÉRATIONS

RELATIVES A

L'OR & L'ARGENT

par Émile NEUT, Négociant

FÉVRIER 1895

LILLE

Imp. D. PRÉVOST, rue du Curé-Saint-Étienne, 9 bis.

QUESTION MONÉTAIRE

QUELQUES CONSIDÉRATIONS

RELATIVES A

L'OR & L'ARGENT

par Émile NEUT, Négociant

FÉVRIER 1895

LILLE

Imp. D. PRÉVOST, rue du Curé-Saint-Étienne, 9 bis.

QUELQUES CONSIDÉRATIONS

RELATIVES A

L'OR & L'ARGENT

————·—◦♦◦—·————

Voulez-vous nous permettre d'examiner la question monétaire à laquelle, aux numéros des 8, 11 et 14 février, vous avez bien voulu intéresser les lecteurs de *la Dépêche?*

Tout d'abord, comme le fait remarquer M. Paul Leroy-Beaulieu, au journal l'*Economiste* du 2 du présent mois, sachons qu'au 1ᵉʳ janvier 1866, lors de la fin de la guerre de Sécession, la banque d'État des États-Unis avait émis 425,840,000 dollars de papier-monnaie, soit plus de 2 milliards 130 millions de francs ayant cours forcé. Au retour de la paix, une loi fut créée d'après laquelle le Trésor devait effectuer le rachat de ce papier-monnaie, jusqu'à concurrence de 4 millions de dollars par mois, de manière qu'en dix-huit ou dix-neuf ans, tout le papier-monnaie des États-Unis eût été retiré de la circulation. En 1868, le congrès suspendit la réduction des billets, dont il restait alors 356 millions de dollars, soit 1,850 millions de francs, à 5 fr. 18 par dollar. Le cours forcé a été aboli en 1879. Il en résulte que le papier-monnaie est convertible en espèces aux caisses du Trésor, mais il doit être remis en circulation et, légalement, la quotité n'en peut pas diminuer.

De 1878 à 1893, le congrès s'est avisé, dans l'intérêt des mines d'argent de l'Ouest (on dit qu'en Amérique surtout, *tout* s'achète et se vend), de vouloir soutenir la valeur toujours décroissante de ce métal, de telle sorte que le Trésor des Etats-Unis a acheté, de 1878 à 1893, aux taux successivement dépréciés durant cette période, 459,946,701 onces d'argent, pour 464,210,262 dollars à 5 fr. 18, soit 2,404,609,157 francs, ayant une valeur monétaire de près de 3 milliards de francs. Aussi, le gouvernement des Etats-Unis ne pouvant pas placer et maintenir dans la circulation, sous la forme de monnaie, cette grande masse d'argent, s'est mis à garder la plus grande partie de cette somme dans ses caisses et à émettre, pour la représenter, un nouveau papier-monnaie dénommé *silver certificates* ou certificats d'argent, lequel est convertible en espèces, ce qui ajoute à l'inquiétude actuelle, le Trésor pouvant ne le rembourser qu'en argent.

En fait, pour ne pas avilir ce papier et précipiter ou aggraver la crise, il le rembourse en or. Pourra-t-il continuer à le faire ? L'incertitude où l'on est à ce sujet fait que tout le monde se précipite au Trésor pour obtenir de l'or. Une partie de cet or est exporté et de là vient, entre autres causes, l'important grossissement de l'encaisse de l'or à la Banque d'Angleterre et à la Banque de France.

Si pour payer leurs dettes contractées en or, et pour retirer de la circulation leurs 1,850 millions de francs de papier-monnaie, les Etats-Unis émettaient un emprunt de plusieurs milliards en or à l'étranger, nous pouvons nous reposer sur la grande prudence de notre premier établissement financier, la Banque de France, qui saurait défendre son encaisse. En outre, un tel emprunt se réglerait en majeure partie au moyen de valeurs américaines aux mains des porteurs à l'étranger, et aussi de traites, et l'on pourrait se trouver surpris de la somme relativement peu considérable d'or effectif qui sortirait de France à cette occasion, ainsi qu'on en a fait la dure expérience lors du paiement de notre énorme indemnité de guerre de cinq milliards en or payée à l'Allemagne.

Si les Etats-Unis ont fait la folie de ne pas retirer leur papier-monnaie de la circulation et de monétiser trop d'argent dont il leur a bien fallu suspendre la frappe, l'union monétaire, se composant de la France, la Belgique, l'Italie, la Suisse et la Grèce, a donc sagement agi en arrêtant la frappe de ses pièces de cinq francs en argent, attendu que les transactions internationales et les changes s'établissent sur la valeur de l'or, qui est la monnaie des nations les plus riches, ayant universellement cours sans dépréciation appréciable.

Trop longtemps les commerçants en métaux précieux ont profité de la frappe de l'argent et ont ainsi réalisé des bénéfices plus ou moins considérables. Aux cours actuels, des mines d'argent peuvent rapporter jusqu'à 5o o/o, s'il faut en croire un correspondant du journal *le Times*, parlant de la Compagnie de Huanchaca, qui exploite, en Bolivie, ses mines d'argent. Donc, au prix actuel de l'argent, on voit immédiatement l'énorme profit qu'en tireraient certains trafiquants, en leur permettant de convertir ce métal en monnaie.

L'argent ne manque pas en France, et le bilan de la Banque de France du 7 février, présentant un actif de fr. 4,700,493,296, accuse une encaisse de :

Or.......... Fr. 2,141,436,250

Argent...... 1,235,923,903

tandis que ses billets au porteur en circulation atteignent la somme de fr. 3,631,986,985. Si la Banque réserve plus ou moins son or, on peut en obtenir autant d'argent que l'on désire, mais on n'en veut pas, chacun s'en tenant à la monnaie d'argent comme appoint, car elle est lourde et encombrante, au point qu'on en est embarrassé lorsqu'on reçoit 20/m, 10/m ou même moins en pièces de cinq francs, et que les caissiers maugréent en comptant ces espèces, tout comme si on volait leur temps. Aussi préfère-t-on même à l'or, pour les paiements de quelque importance, les billets de banque offrant la plus absolue sécurité, puisqu'ils ont leur contre-valeur en espèces à la Banque de France.

Il n'en est pas de même dans tous les pays à étalon d'argent, lesquels, par parenthèse, fixent parfaitement le même rapport que nous entre l'or et l'argent. Il ne suffit pas d'être pays à étalon d'argent pour en posséder. Dans la République argentine, par exemple, presque toute la circulation monétaire se compose de souverains d'Angleterre et de pièces de vingt francs de France. Les autres monnaies réelles en circulation sont celles d'Espagne ou des États hispano-américains, c'est-à-dire le doublon en or, soit fr. 81,50, demi-doublon et quart en proportion, et la piastre forte en argent, fr. 5,40.

A Buenos-Ayres, les marchandises et valeurs se paient en papier-monnaie, et leurs cours se règlent suivant le cours des doublons or. Ce papier-monnaie est actuellement déprécié dans la proportion de 247 o/o, de sorte que le vendeur de Buenos-Ayres ne reçoit pas 342 francs de son blé, laine, cuir, etc., contre 100 francs de notre monnaie, mais simplement 342 francs de papier-monnaie déprécié auquel on accorde un crédit ou valeur de 100 francs par rapport au doublon or. De même en Russie, qui a sa Banque d'Etat, laquelle émet ses billets en coupures de 100, 50, 25, 10, 5, 3 et 1 roubles. Ce papier-monnaie représente presque exclusivement l'instrument monétaire en Russie et a cours forcé. Il est moins déprécié que ne l'est celui de la République argentine et vaut actuellement 2 fr. 71, mais comme le vendeur de Buenos-Ayres, le vendeur russe ne reçoit pas 4 francs pour 2 fr. 71 de notre monnaie, mais bien en papier-monnaie l'équivalent de 2 fr. 71 par rapport à la pièce de 10 roubles ou de 5 roubles en or, valant fr. 40 et fr. 20.

Que la République argentine et la Russie fassent leurs paiements en espèces, et leurs changes ne tarderaient pas d'être au pair, comme l'est, d'ailleurs, celui concernant les Etats-Unis malgré leur situation monétaire troublée que nous venons de décrire.

Quand il s'agit de papier-monnaie, on est porté à songer à l'assignat mis en usage par la première Révolution française, idée conçue par Bailly et dont le projet, discuté et modifié par Mirabeau et autres, fut adopté le 19 avril 1789. Les assignats affectés au paiement des créanciers de l'Etat devaient représenter, entre leurs mains ou celles de leurs cessionnaires, un droit de propriété réalisable immédiatement dans la proportion de leurs créances, par la mise en vente des biens nationaux. Quatre cents millions d'assignats furent émis et une circulation forcée au nom de la loi leur assurait une valeur absolue égale à celle du numéraire. Or, les assignats ne tardèrent pas à s'avilir par le doute et la quantité. Vainement la Convention tenta de les réhabiliter par les plus rigoureuses dispositions et décréta six ans de fers contre celui qui stipulerait, pour des marchandises, un prix différent selon que le paiement se ferait en numéraire ou en assignats dont la somme s'élevait le 19 février 1796 à 45 milliards, le numéraire restait seul comme mesure réelle des valeurs.

A cette époque, quand la liquidation définitive s'en opéra, 24 milliards étaient encore en circulation, et ces 24 milliards liquidés au trentième furent échangés contre 800 millions de mandats territoriaux. Un habit valait alors 800 francs en assignats ; on payait une paire de bottes 300 francs, 100 francs une livre de beurre et ainsi de suite. Les vendeurs qui recevaient de pareils prix n'en étaient évidemment pas plus riches pour cela, comme ne le sont pas davantage les vendeurs argentins, russes et autres, ayant l'étalon d'argent, mais en même temps une circulation fiduciaire n'offrant pas la sécurité nécessaire, d'où dépréciation et perte au change pour les transactions internationales qui se basent universellement, nous le répétons, sur la valeur de l'or.

Quant à la baisse des produits en général, n'est-elle pas la conséquence de la surproduction qui se fait sentir partout ? En effet, depuis le célèbre physicien Denis Papin, la vapeur a fait d'immenses progrès et s'applique par le monde entier. Si les prix de toutes choses ont baissé, les besoins de la vie, par le fait même du progrès, sont devenus sensiblement plus grands. Le rapport des capitaux, le loyer de l'argent ont eux-mêmes baissé de 40 à 50 o/o, ce qui fait qu'au fur et à mesure que nous avançons, du plus humble au plus riche, nous devons nous faire à l'idée de rester plus longtemps attachés au travail, puisqu'il nous faut fatalement réaliser de plus grandes sommes d'économies pour parvenir à la retraite que chacun a en vue.

ÉMILE NEUT,
Négociant.

www.ingramcontent.com/pod-product-compliance
Lightning Source LLC
Chambersburg PA
CBHW050424210326
41520CB00020B/6737